2 Mars 1889

VENTE DU SAMEDI 2 MARS 1889

HÔTEL DROUOT, SALLE N° **8**

JOLIES TAPISSERIES

MEUBLES

Porcelaines — Bronzes

FAIENCES, ÉTOFFES

SCULPTURES

EXPOSITION PUBLIQUE
LE VENDREDI 1ᵉʳ MARS 1889

<table>
<tr><td>COMMISSAIRE-PRISEUR</td><td>EXPERT</td></tr>
<tr><td>Mᵉ PAUL CHEVALLIER</td><td>M. CHARLES MANNHEIM</td></tr>
<tr><td>10, rue de la Grange-Batelière, 10</td><td>7, rue Saint-Georges, 7</td></tr>
</table>

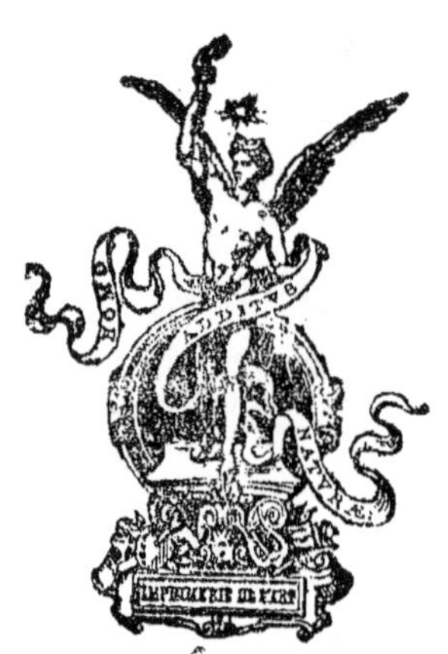
IMPRIMERIE DE L'ART

CATALOGUE

DES

TAPISSERIES

DU TEMPS DE LOUIS XVI ET AUTRES

MEUBLES, BRONZES, SCULPTURES

DES ÉPOQUES LOUIS XV ET LOUIS XVI

FAIENCES, PORCELAINES

Objets de vitrine

Étoffes

DONT LA VENTE AURA LIEU

HOTEL DROUOT, SALLE N° 8

Le Samedi 2 Mars 1889

A DEUX HEURES

COMMISSAIRE-PRISEUR	EXPERT
Mᵉ PAUL CHEVALLIER	**M. CHARLES MANNHEIM**
10, rue Grange-Batelière, 10.	7, rue Saint-Georges, 7.

EXPOSITION PUBLIQUE

Le Vendredi 1ᵉʳ Mars 1889, de 1 heure à 5 heures

CONDITIONS DE LA VENTE

Elle sera faite au comptant.

Les acquéreurs payeront, en sus des adjudications, *cinq pour cent* applicables aux frais.

L'exposition mettant le public à même de se rendre compte de l'état des objets, il ne sera admis aucune réclamation une fois l'adjudication prononcée.

Paris. — Imp. de l'Art, E. Ménard et Cie, 41, rue de la Victoire.

DÉSIGNATION DES OBJETS

FAIENCES ET PORCELAINES

1 — Deux grands plats en faïence de Delft, décorés en couleurs d'un panier de fleurs au centre, avec compartiments contenant des paniers analogues au marli, et rehauts d'or.

2 — Paire de flambeaux en faïence de Delft, à base octogone et décor polychrome.

3 — Jatte en faïence repercée à jour avec son plateau, camaïeu bleu.

4 — Assiette creuse en faïence, à reflets métalliques de Gubbio : Buste de femme de profil ; au marli, couronne de feuillages.

5 — Deux assiettes en porcelaine de Chine : l'une à pans décorée de branchages fleuris avec fong-

hoang, l'autre décorée de fleurs avec feuilles de lotus émaillées rouge sur fond blanc au pourtour.

6 — Assiette en porcelaine de Chine, à décor de fleurs, avec réserves de grisailles sur fond de rinceaux bleus au pourtour.

7 — Deux assiettes en porcelaine de Chine, décorées de fleurs, au milieu de branchages émaillés bleu.

8 — Assiette en porcelaine de Chine : Scène de huit personnages ; au pourtour, fleurs de pêcher rehaussées d'or.

9 — Deux assiettes en porcelaine de Chine : branches de fleurs et attributs ; au marli, réserves de fleurs ; famille rose.

10 — Deux assiettes en porcelaine dite de l'Inde, décorées en grisaille de fleurs et corne d'abondance au centre, de quadrillages et imbrications au marli.

11 — Assiette en porcelaine dite de l'Inde, décorée
de canards avec une ville au second plan.

12 — Éléphant couché en porcelaine de Chine,
émaillée bleu turquoise.

13 — Petit vase en porcelaine de Chine, à personnages, monté en bronze doré et formant candé-
labre à deux lumières.

14 — Trois tasses sans anses avec soucoupes en
porcelaine de Chine, dont l'une à festons et
décor bleu, les deux autres à personnages, de
la famille rose.

15 — Deux tasses sans anses avec leurs soucoupes,
en porcelaine de Chine : l'une décorée de réserves de coqs sur fond or quadrillé, l'autre de
réserves de fleurs sur fond rouge veiné.

16 — Quatre tasses sans anses avec leurs soucoupes côtelées en porcelaine de Chine ; décor
à fleurs, branchages et oiseaux.

17 — Trois tasses sans anses avec soucoupes à fes-

tons, en porcelaine de Chine, décor d'attributs et de cerfs rehaussés d'or.

18 — Compotier en porcelaine du Japon, à huit pans repercés à jour, décoré d'un vase de fleurs et rehaussé de dorures.

19 — Cruche en grès d'Allemagne, décorée en bleu, sur la panse, de personnages et inscriptions sous des arcades ; culot godronné et goulot à mascaron ; anse garnie d'étain. XVIe siècle.

20 — Fort lot de porcelaines et de faïences diverses.

SCULPTURES

21 — Grand vase funéraire en marbre blanc, décoré sur la panse de sujets funèbres en bas-relief : deux anges en ronde bosse sont agenouillés autour du col ; le couvercle est surmonté d'une croix.

22 — Petite statue en terre cuite : Femme assise
sur un rocher et tenant un poisson.

23 — Groupe en ivoire : Saint Georges et le dra-
gon, sur socle en bois noir.

BRONZES

24 — Statuette de la Renommée, et déux flambeaux
droits supportés par trois pieds-griffes.

25 — Paire de flambeaux Louis XVI : Statuettes
d'homme et de femme en bronze, sur socle cylin-
drique en marbre vert.

26 — Statuette en bronze : Personnage en costume
du temps de Henri IV, s'appuyant sur un fût
de colonne; sur socle de marbre.

27 — Deux bustes de femmes et deux statuettes de
danseuses en bronze.

28 — Pendule du temps de l'Empire en bronze
doré.

29 — Pendule Louis XVI en bronze doré, accostée
de deux cariatides et reposant sur un portique
de quatre colonnes en marbre blanc et noir.

30 — Deux candélabres en bronze ciselé et doré,
de style Louis XVI, composés de deux femmes
debout tenant un bouquet de six lumières et
reposant sur un socle en marbre blanc décoré
de guirlandes.

31 — Deux flambeaux à deux lumières, en bronze
du Japon : dragons et animaux fantastiques.

32 — Jardinière carrée et à anses en bronze du
Japon, reposant sur quatre pieds.

33 — Petit cartel en bronze ciselé et doré de style
Louis XV.

OBJETS VARIÉS

34 — Boîte ronde en écaille ; sur le couvercle, miniature grisaille sur bois, à sujet pastoral, dans
un cercle d'or.

35 — Boîte ronde, décorée d'une miniature en vernis Martin : Sujet tiré des fables de La Fontaine.

36 — Trois miniatures sur cuivre : Portraits d'hommes.

37 — Miniature ovale sur vélin, dans un cercle de cuivre et cadre noir : Portrait d'enfant.

38 — Quatre miniatures, dont deux sur vélin, une sur ivoire et l'autre sur écaille.

39 — Petite boîte plate en fer damasquiné d'or.

40 — Petite plaque ronde en fer repoussé : l'Amour endormi sur un dauphin. Cadre noir.

41 — Deux cadres en bois noir.

42 — Petit flacon en cuivre émaillé de la Chine, à sujets familiers.

43 — Plaque rectangulaire en émail peint de Limoges : Saint Amable. Au revers, la signature : *Laudin au fauxbourgs de Manigne à Limoges*. I.L, XVIIe siècle.

44 — Autre petite plaque rectangulaire en émail peint de Limoges : Saint en prières.

45 — Plaque rectangulaire en émail peint de Limoges : le Vœu de saint Louis. Au revers, la signature : *B^{te} Nouailher à Limoges*. Cadre en bois noir. XVIIIe siècle.

46 — Plaque rectangulaire en émail peint de Limoges : Saint François en prières. Au revers, les initiales B. N. (B^{te} Nouailher). XVIIIe siècle. Cadre en bois.

47 — Divinité chinoise en bois doré, ornée de pierres de couleur.

48 — Deux plats en cuivre repoussé, dont un rond, l'autre ovale.

49 — Deux groupes sur socles carrés, en albâtre : l'Amour et Psyché, Diane et Apollon.

50 — Plaque en cuivre repoussé, représentant une tête coiffée d'un bonnet phrygien. Cadre en bois noir, à filets dorés.

51 — Plat et aiguière en cuivre estampé.

52 — Fontaine et son bassin en dinanderie.

53 — Bassin en dinanderie.

MEUBLES

54 — Pendule-applique Louis XIV, forme religieuse, en marqueterie de cuivre et d'écaille, garnie de bronzes dorés, avec cul-de-lampe.

55 — Autre analogue de forme en portique.

56 — Bureau à cylindre Louis XVI, en acajou, à filets et poignées de cuivre; dessus de marbre blanc et galerie.

57 — Armoire normande en bois de chêne, de style Louis XV.

58 — Autre analogue, de style Louis XVI.

59 — Commode Louis XVI, en bois d'acajou, à

quatre tiroirs, dessus de marbre blanc, entrées de serrure, poignées et galerie de cuivre.

60 — Petite table à ouvrage Louis XV, à trois tiroirs, en bois satiné et bois de rose ; plateau d'entre-jambes et dessus de marbre.

61 — Table ronde à bascule en bois, décorée de bouquets de fleurs et d'oiseaux peints sur fond noir.

62 — Vitrine Louis XV en bois sculpté et doré, à trois faces séparées par deux colonnettes ornées et des rinceaux rocaille.

63 — Cadre de glace de style Louis XV, en bois sculpté peint en blanc.

64 — Cadre de glace Louis XV, en bois sculpté peint en blanc.

65 — Deux petites consoles en bois sculpté peint en blanc.

66 — Harpe Louis XVI, rehaussée de dorure.

67 — Quatre petites consoles-appliques en bois doré.

68 — Cadre ovale en bois doré, de style Louis XVI.

69 — Deux petits cadres en bois doré; l'un ovale, Louis XV; l'autre rectangulaire, Louis XIV.

70 — Chaise en fer forgé, recouverte en velours vert frappé.

71 — Deux galeries Louis XVI, en bois sculpté peint en blanc et doré.

72 — Petit meuble en chêne ciré.

73 — Quatre fauteuils et deux chaises Louis XV peints en blanc et recouverts en reps vert.

74 — Six fauteuils et quatre chaises en acajou, du temps de l'Empire, recouverts en satin crème à fleurs.

75 — Secrétaire Louis XVI, en bois d'acajou, filets

et poignées de cuivre, à dessus de marbre blanc
et galerie.

76 — Glace avec cadre en bois sculpté et à fronton.

77 — Deux fauteuils Louis XV, recouverts en velours rouge frappé.

78 — Deux petits fauteuils Louis XVI, dossiers à
médaillons, en bois peint en blanc, recouverts
de velours rouge.

79 — Deux chaises Louis XV, à dossiers renversés,
en bois peint en blanc, recouverts de velours
vert.

80 — Bureau en bois de noyer à six tiroirs, reposant sur huit pieds réunis par des croisillons.

81 — Métier à broder en bois tourné.

82 — Piano à queue en palissandre à filets de
cuivre.

83 — Coffre à bois entièrement recouvert d'une tapisserie au petit point.

84 — Cheminée monumentale en chêne sculpté, de
style Renaissance.

85 — Crédence en bois sculpté, à consoles de dragons ; le soubassement est à tiroirs.

86 — Grande banquette d'antichambre en chêne
sculpté, à dossier recouvert de velours vert, à
bras et à fronton.

87 — Buffet à deux corps, à portes pleines, en bois
de chêne sculpté et de style Louis XV ; la frise
est décorée d'une corbeille de fleurs.

88 — Bahut à deux corps, tiroirs et portes pleines,
en bois de chêne.

ÉTOFFES ET TAPIS

89 — Deux dalmatiques en damas de soie rouge
avec bandes de tapisserie au point bordées de
soie jaune.

90 — Trois chapes en soie brochée, fond blanc, à

décor de paniers de fleurs et larges bandes cerise à fleurs avec galons dorés.

91 — Deux chapes en soie brochée fond blanc, à
décor de bouquets de fleurs avec galons dorés.

92 — Dalmatique, sept chasubles, avec leurs mani-
pules et leurs étoles, voiles de calice, dont
plusieurs en soie brochée avec applications.

93 — Couvre-lit en soie verte, un lé d'étoffe blanc
et rouge, un autre rouge et bleu et un morceau
de soie rouge damassée.

94 — Deux surplis d'enfants de chœur en mous-
seline, dont l'un a les poignets garnis de den-
telle.

95 — Cinq larges collets en velours rouge avec
applications de galons dorés.

96 — Garniture de lit composée de sept pièces en
velours rouge avec applications de galons dorés
et effilés.

97 — Morceau d'étoffe brochée à fond blanc.

98 — Tapis de table circulaire en soie brodée : châteaux et arbustes.

99 — Tapis à fleurs en tapisserie au point.

100 — Deux rideaux en soie brochée : fleurs et fruits sur fond rouge.

101 — Deux bandes de drap rouge avec applications de couleurs.

102 — Trois morceaux de tapisserie au point.

103 — Deux lés de soie brochée, décor crème sur fond cerise.

104 — Deux rideaux et lambrequins, dessus de lit et garniture en étoffe à raies.

105 — Garniture de deux fauteuils en tapisserie d'Aubusson à médaillons et fleurs.

106 — Six rideaux en étoffe fond jaune avec bandes cramoisies.

107 — Tapis persan à fond rouge.

> Long., 2 mètres ; larg., 1 m. 25 cent.

108 — Tapis persan fond jaune vieil or.

> Long., 1 m. 50 cent. ; larg., 90 cent.

109 — Tapis persan fond rouge à bordure blanche.

> Long., 1 m. 65 cent. ; larg., 1 m. 5 cent.

110 — Tapis persan fond olive.

> Long., 2 mètres ; larg. 1 m. 27 cent.

111 — Tapis persan rouge et olive.

> Long., 2 mètres ; larg., 1 m. 40 cent.

TAPISSERIES

112 — Jolie tapisserie d'Aubusson du temps de Louis XV, représentant un sujet champêtre : Berger et moutons.

> Haut., 2 m. 27 cent. ; larg., 2 m. 62 cent.

113 — Autre jolie tapisserie d'Aubusson du temps
de Louis XV, paysage avec moulin hydraulique,
encadrée d'ornements.

Haut., 2 m. 27 cent.; larg., 2 m. 40 cent.

114 à 118 — Suite de cinq panneaux de tapisserie
du temps de Louis XVI, à médaillons sujets
champêtres suspendus à des nœuds de rubans
et entourés de festons de fleurs et d'attributs ou
trophées se détachant en couleurs sur fond
blanc. L'encadrement de chacun de ces panneaux se compose d'ornements et de fleurs qui
se détachent à l'extérieur sur un fond amarante
qui a été refait. Trois de ces panneaux sont dans
des bordures dorées.

Haut. 1 m. 85 cent.
Larg., 2 m. 40 cent.; 1 m. 75 cent.;
1 m. 43 cent.; 1 m. 41 cent., et 85 cent.

119 — Deux fragments de tapisseries, verdure avec
bordures de fruits, de fleurs et de feuillages.

120 — Deux fragments de tapisseries à grands personnages, avec parties de bordures à feuillages
sur fond amarante.